살아라.
그리고 타락하라.

이준혁 엮고 옮김

—

서울 출생. 성균관대학교에서 심리학과 철학을 공부했다.
오랫동안 출판사에서 책 만드는 일과 번역일을 병행해왔다.
현 고유명사 편집장.

살아라. 그리고 타락하라.

—

엮고 옮김 이준혁
펴낸이 이제야, 이미현
기획 김병곤
편집 이제야
디자인 스튜디오 이제야1호점
주소 서울시 마포구 성산동 200-341, 402호
전자우편 properbook@naver.com

ISBN 979-11-990288-4-5 (03830)
1쇄 2025년 2월 5일

이 책의 판권은 지은이와 **도서출판 고유명사**에 있습니다.
양측의 서면 동의 없는 무단 전재 및 복제를 금합니다.

살아라.
그리고 타락하라.

사카구치 안고
이준혁 엮고 옮김

차례

기획의도 / 9km

러너스북 트랙 4 / 10km

작가소개 / 12km

프롤로그 / 17km

에필로그 / 83km

8 Km

기획의도

Curation book

고유명사의 러너스 북 <RUNNER'S BOOOK> 시리즈는 책과 달리기로 일상의 건강성을 회복하자는 모티브에서 출발되었습니다. 책은 우리의 정신을, 달리기는 우리의 신체를 건강하게 만들어 줍니다. 달리기의 정신과 철학을 바탕으로 러너스북 시리즈는 인생의 마라톤으로부터 지친 러너들에게 책이라는 휴식을 제공하기 위해 고전속에서 오랫동안 사랑받아온 작가의 문장을 선별해서 모은 큐레이션 북 시리즈입니다. 여행자들에겐 쉘터가 있고 순례자들에게는 알베르게가 있듯이 잠시 삶을 정비하고 다음 트랙으로의 도약을 준비하는 워터포인트<water point> 같은 책이 되고자 합니다.

러너스북 트랙 4
Runner's Book Track 4

살아라. 그리고 타락하라.
- 사카구치 안고의 타락론

사카구치 안고는 전후 일본 사회의 혼란과 퇴폐를 반영한 작품세계를 선보이며 시대의 새로운 윤리를 제시함으로써 일본인에게 충격과 감동을 안겨준 것으로 평가받는다. 국내에는 잘 알려져 있지 않지만 일본 근대문학에서 빼놓을 수 없는 작가로 미시마 유키오, 가라타니 고진 등에 의해 끊임없이 재평가되었다. 1946년, 전후의 시대적 본질을 예리하게 통찰하고 파악한 <타락론>과 <백치>에 의해 일약 시대의 작가, 인기 작가의 반열에 오른다.

혼란의 시기일수록 인간은 일상과 생활을 포기해서는 안된다 는 철학에 바탕을 둔 특유의 익살스러운

말투와 통찰력으로 독자들을 사로잡았다. 그의 작품 속 인물들은 삶을 살아내야 하는 실존 속에서 '인간긍정'의 메시지를 찾아내려고 노력하고 있다.

사카구치 안고는 절친이었던 다자이 오사무의 죽음을 가장 빨리 안 사람 중 한 명으로도 유명한데, 다자이 오사무와 내연녀가 사실 살아있고 안고가 어딘가에 두 사람을 숨겨둔 것이 아닌가 하는 소동이 일기도 했다. 추리소설 작가이기도 했던 안고는 다자이가 남긴 유서 문체가 엉망인 것을 근거로, 당시 다자이 오사무가 술에 만취한 상태로 혼자서 자살이니 뭐니 감행할 상태가 아니었지만 제정신이 아닌 상태로 여인과 동반자살당한 건 아닌가 추측을 내놓기도 했다. 러너스북 <살아라. 그리고 타락하라.>에서는 국내에 잘 소개되지 않았던 사카구치 안고의 작품 속에서 그의 뛰어난 문장을 선별했다. 독자들은 사카구치의 작품 속에서 타인의 시선이나 평가에 의존하지 않고 자신을 당당하게 살아가는 청춘의 불안정한 삶을 발견하고 인간에 대한 무한한 긍정을 발견할 수 있을 것이다.

작가소개

사카구치 안고

사카구치 안고(坂口 安吾, 1906년 10월 20일~1955년 2월 17일)는 일본의 문학가, 본명은 사카구치 헤이고(炳五へいご). 다자이 오사무, 오다 사쿠노스케와 함께 일본의 전후 문학을 대표하는 무뢰파(無賴派) 소설가이자 평론가로 평가된다.

1906년 10월 20일 니가타현에서 태어났다. 니이치로의 전처와 첩의 아이까지 합한 열세 명의 형제 중 열두 번째 아이로 태어난 안고는 어린시절부터 방랑벽과 방황이 심했다.
1919년 니가타 중학교에 입학했으나 이 무렵부터 집과 학교를 싫어해서 수업을 빠지고 홀로 방황하는 날들을 보내다 낙제하게 되고, 다니자키 준이치로와 발자크 등의 소설을 탐독하며 지내다가 결국 1922년에 퇴학당했다. 그해 가을 상경해 부잔 중학교에 입학했고 에드거 앨런 포와 이시카와 다쿠보쿠 등을 인생의 낙오자로서 사랑하며 그들의 작품을 숙독했다. 막연하게 엄격한 구도자의 삶을 동경하여 1926년, 도요 대학 인도철학윤리과에 입학한다. 불교서와 철학서를 섭렵하는 데 몸을 혹사하며 공부에 매진한 탓에 생긴 신경쇠약 증세를 극복하기 위해 다시 산스크리트어, 팔리어, 티베트어, 라틴어, 프랑스어 등 어학을 맹렬히 공부한다. 1930년, 대학을 졸업한 후 동인지 <말>과 <청마>를 창간했다.

1931년 소설가 데뷔. 단편소설들로 세간의 주목을 받았다. 단편소설 <바람 박사>와 <구로타니 마을>이 소설가 마키노 신이치의 극찬을 받으면서 신진 작가로 급부상한 후 1946년 2차대전이 끝나고 패전 직후의 시대를 분석한 '타락론'과 '백치'로 당대를 대표하는 작가가 된다.

1931년에 발표한 1932년 작가 야다 쓰세코를 알고 사랑에 빠지지만 1936년 절교한 후 신생을 기하며 교토를 방랑하면서 그녀와의 사랑을 소재로 한 장편소설 ≪눈보라 이야기≫를 썼다. 1947년 가지 미치요와 결혼하고, 전후의 시대상을 반영한 소설과 에세이, 탐정소설, 역사 연구, 문명 비평 르포르타주 등 다채로운 집필 활동을 전개하여 전후의 난세에 문화와

역사 및 사회의 흐름에 대한 대중의 지적 갈증을 해소해 주는 역할을 한다.

추리소설을 좋아했고 본인의 추리 소설을 원작으로 한 UN-GO가 애니메이션화되었고, 2020년 5월에 NHK에서 시대극으로 드라마화한다. 그 밖에도 여러 편의 추리소설을 썼고, 매스컴에서 스캔들에 대해 서투른 추측를 하면 아예 내 밑으로 들어와서 추리 소설을 배우라고 일갈한 적도 여러 번 있다. 국내에 번역 출판된 작품은 『투수살인사건(投手殺人事件)』, 『난킨무시살인사건(南京虫殺人事件)』, 『그림자 없는 살인(影のない犯人)』, 선거 살인사건, 불연속 살인사건 등이 있다. 시인 나카하라 츄야와 가까웠다.

사카구치 안고는 세무 당국을 상대로 한 소송, 경륜 부정 사건 고발, 각성제와 수면제 중독에 의한 정신 착란 발작 등 실생활 면에서도 언제나 사회의 주목을 받았다. 1955년 2월 17일 지방 취재 여행에서 돌아온 후 자택에서 뇌일혈로 급사했다. 향년 50세였다.

*

안고의 작품에서는 에세이가 소설적이고 소설이 에세이적이다. 그러나 안고가 지금도 우리를 끌어들이는 것은 바로 그 때문이다. 안고의 작품을 한 권으로

묶을 때 이러한 장르적 구별을 부정해야 한다. 그리고 그것이 바로 안고가 말하는 '전적 긍정'이다.

- 가라타니 고진 (평론가)

나는 사카구치 안고 씨를 한 번도 직접 뵐 기회가 없었지만, 그의 작업에는 항상 경애하는 마음을 갖고 있었다. 전후의 한 시기, 혼란으로 혼란을 표현하는 방법을 그는 작품에서도, 삶의 방식에서도 관철시켰다. 그는 거짓 안정에 결코 속지 않았다. 언어의 진정한 의미에서 아이러니를 그린 작가였다. 그가 시대와 맺은 관계는 냉철한 것으로 저널리즘에서의 그의 한때 열광적 인기 등에 눈을 빼앗겨 이 점을 간과해서는 안 된다.

- 미시마 유키오 (작가)

사카구치 안고는 세속적인 어떤 선입견에도 구애되지 않고 있는 그대로 인간을 보았다. 그래서 인간의 심리를 그는 상당히 깊이 안다. 그러므로 그의 문학은 창작뿐 아니라 수필 같은 잡문에까지 그 얽매이지 않는 시각, 활달한 인품이 잘 드러나 재미있다. 다자이 오사무의 문학이 현대 청년의 것인데 비해 사카구치 안고의 문학은 장래의 어른의 문학이다. 나는 순순히 인지의 진보 발달을 믿어 왔고 문학의 상식도 해마다 건전한 발달을 이루고 있다고 보고 있지만, 일반 독자가 다자이 문학에 능통하여 이를 졸업했을 무렵에야 사카구치 안고 문학의 진가가 다시 한 번

재검토되어 머지않아 정상적으로 이해되고 애독되리라는 것을 의심하지 않는다.

- 사토 하루오 (작가)

안고는 뛰어난 작가이자 일류 에세이스트였다. 그는 에세이에 있어서도 어떤 때는 뜻을 말하고 또 어떤 때는 느긋한 여유와 현실에 대한 통찰력으로 세상의 다양한 현상에 대해 말하고 있다. 안고가 남긴 작품들이 세상의 인생 안내 책들과는 근본적으로 다르다는 것을 깨닫기 위해서는 어쩌면 독자의 나이와 성숙을 필요로 할지도 모른다. 그러나 일류 문학이란 대개 그런 성격의 것이다.

- 이소다 코이치 (평론가)

안고는 항상 인생을 어떻게 살아야 하는지를 진지하게 생각해, 구도의 마음이 너무 강해서 때로는 무너질 것 같은 약한 마음도 숨김없이 드러낸다. 그의 문장 곳곳에 맺힌 슬픔은 청춘의 순수한 영혼을 잃지 않고 있는 사람에게만 스며드는 맑은 물일지도 모른다.

- 나나키타 카즈토 (작가, 평론가)

프롤로그

이기지는 못해도 패배하지 않는 겁니다.

17 Km

*

온갖 자유가 허용되었을 때, 인간은 처음으로 자신의 한계와 부자유를 깨닫는다.

*

그것이 살아 있을 때 속악한 실용품에 지나지 않던 것이, 고전이 되었을 때 예술의 이름으로 살아남는다.

*

예술은 「통속」이어선 안되지만, 「속악」인 것은 별로 문제가 되지 않는다. 인간 자체가 속악한 존재이기 때문에.

*

각자가 각자의 독자적인, 그리고 성실한 생활을 추구하는 것이 인생의 목적이 아니면 다른 무엇이 인생의 목적일까. 나는 단지, 나 자신으로 살고 싶을 뿐이다.

*

남녀관계에 평화란 없다.
인간관계에는 평화가 드물다.
평화를 추구한다면 고독을 추구하는 것이 최선이다.

*

정치가 민중을 다룬다고 하면 문학은 인간을 다룬다.

*

청춘은 절망한다. 왜냐하면 큰 희망이 있으니까. 소년의 희망은 자유자재로, 스스로 왕자도 되고 천재도 되어 꿈과 현실의 구별이 없지만, 청춘의 희망 뒤에는 한정된 자아가 있다. 내 역량의 한계를 자각하고, 희망의 토대를 잃어 간다.

*

속된 사람은 속된 것에, 작은 사람은 작은 것에, 속된 그대로 작은 그대로 각자의 비원에 충실하게 살아가는 모습이 그립다.

*

사람은 아무튼 평화를 사랑하면 그만이라 생각한다면 큰 착각이다. 평화, 평정, 평안, 나는 다만 그런 것들이 마음에 들지 않는다. 불안, 고통, 슬픔, 이런 것들이 나는 좋다.

*

소설로서 산문의 뛰어남과 모자람은 이른바 문장-명문과 악문이라고 흔히 말하는 것과 대체로 관계가 없다. 명문이라 불리는 것은 오른쪽이라고 써야 할 경우에 글의 분위기에 따라 왼쪽이라고 쓴다거나 하는 게 대부분이라, 이걸로는 소설이 되지 않는다.

소설로서의 산문은 인간관찰의 방법, 태도, 깊이 등에 의해 문장이 결정되고 동시에 평가도 이루어져야 하는 것으로, 문장의 형식이 갖춰져 있다거나 글의 분위기가 고르다거나 하는 요소가 소설 본래의 가치를 좌우하는 일은 없다. 문장의 형식을 갖추기보다, 써야 할 사항을 온전히 「써 버려야」 하는 성질의 것이다.

*

문학은 피와 살로 채색된 문명비판의 책이다. 과학에, 사회에, 문제를 제출하는 거다. 문학의 관점에서 보면, 과학은 문학 이전의 시스템에 지나지 않는다.

*

아름다운 것, 즐거운 것을 좋아하는 건 인간의 천성으로, 사치나 호사를 좋아하고, 졸부가 속악한 대저택을 세워 저속한 취미를 과시하는 것, 그것은 만인의 본성이라 조금도 경멸할 일이 아니다.

*

정신 같은 것도 물질로 환산되는 선에서, 환산하여 계산하는 편이 각자에게 편리하기도 하며 깔끔하기도 하고 행복하기도 하다는 생각이 든다.

*

인간의 동물성은 사회질서라는 그물망으로 건져 올리는 것이 불가능하여, 어떻게 하든 그물망에서 빠져나오게 된다. 우리는 그런 동물성을 질서의 그물망으로 건져 올릴 수 없기 때문에 악덕이라고 부르지만 그 사회생활의 폭, 문화라는 것의 발전, 진보는 질서보다도 그 악덕에 의한 경우가 많다.

인간은 살고,
인간은 타락한다.
이것 외에
인간을 구원할
편리한
지름길은 없다.

*

열광적인 신앙 때문에 차례차례 당당히 죽어간 수많은 순교자들이, 허나, 내게는 때로 무익한 히스테리적 요설로밖에 느껴지지 않아 불쾌해지는 때가 있다.

*

"저는 악인입니다"라고 말하는 자가 "저는 선인입니다"라고 말하는 자보다 더 교활하다.

*

실패할 수 없는 영혼, 고뇌할 수 없는 영혼, 그리고 더 나은 것을 추구하지 않는 영혼에 참다운 매력은 드물다.

*

죽는 것은 간단하지만, 사는 것은 어려운 사업이다. 나처럼 공허한 생활을 하고 한 시간 한 시간 실없는 생활을 하고 있어도, 이 생각은 통렬하고 뼈저리게 느껴진다. 이렇게 공허하고 실없는 생활을 하면서도 고작 살아가는 게 최선으로, 기도도 하고 싶고, 술도 마시고 싶고, 잊고도 싶고, 소리도 지르고 싶고, 달리고도 싶다. 나에게는 여유가 없다. 산다는 것, 단지 그게 전부인 거다.

*

너무 당연한 이야기지만 신념이라고 할 만한 것 없이 살고 있다면, 그 삶은 별 의미가 없다.

*

연애감정이란 궤도가 없이 자유분방한 것이 아니며 자연스레 제한이 있는 것으로, 예를 들어 이국의 여배우에게 아무리 빠져들어도 고민의 정, 잠도 못 자는 그런 연애감정은 일어날 리 없는 거다.

*

부부는 서로 사랑하고 또 서로 미워하는 게 당연하다. 이런 미움을 두려워하면 안 된다. 제대로 서로 미워하는 게 좋고, 날카롭게 대립하는 게 좋다.

*

개인의 자유가 없다면, 인생은 0과 같다. 무슨 일이든 남에게 강요해선 안 된다.

33 Km

*

나 혼자 대단하다고 생각하지 마라. 난 대단해, 대중은 바보야, 그런 소릴 하는 놈이 나는 싫다. 그런 놈은 곧 도덕적, 독선적인 얼굴을 하고, 권력을 휘두르고, 미천한 근성을 드러내고, 파시스트가 된다. 아무도 대단하지 않아.

*

원래, 걸작이란 눈이 가지 않는 작품이다. 가려운 곳에 모두 손이 닿는다는 건 실생활에서는 무척 편리하겠지만, 예술에서는 걸작이 되지 못한다.

*

지나치게 과장된 것이다. 한계. 학문이란, 한계의 발견에 있는 법.

*

연애는 말도 아니려니와 분위기도 아니다. 그냥 좋아한다는 것, 그중 하나인 거다.

*

나는 지금도 역시, 무엇보다도 바다가 좋다. 단조로운 모래사장이 좋다. 해안에 드러누워 바다와 하늘을 보고 있으면, 나는 하루 종일 드러누워 있어도 왠지 마음이 충만해진다. 이는 소년 시절 별도리 없이 가슴에 새겨진 내 마음이자, 고향의 정이기도 하기 때문이다.

*

목숨을 남에게 바치는 자를 시인이라 부른다. 노래할 필요는 없는 거다.

*

단순한 사실로는 예술이 되기 힘든 법. 말에는 말의, 소리에는 소리의, 색에는 역시 색의, 좀 더 순수한 영역이 있을 터다.

*

끔찍한 것, 구원이 없다는 것, 그것만이 유일한 구원인 거다. 모럴이 없다는 것 자체가 모럴인 것과 마찬가지로, 구원이 없다는 것 자체가 구원이다.
나는 문학의 고향, 또는 인간의 고향을 여기서 본다.

타락의 길을
끝까지 걸어
자기 자신을
발견하고,
구원하지 않으면
안 된다.

*

예술이란, 자연보다 뛰어나지 않으면 안 되는 거다.

*

(연애란) 어차피 환영이고, 영원한 사랑 같은 건 더없는 거짓말임을 알고 있어도, 그걸 하지 말라고는 말할 수 없는 성질의 것이다. 그걸 하지 않으면 인생 자체가 사라지는 것과 같으니까. 결국 인간은 죽고, 어차피 죽을 거라면 빨리 죽어 버리라는 말이 성립되지 않는 것과 마찬가지다.

*

운명에 순응하는 인간의 모습은 기묘하게 아름다운 구석이 있다.

*

(다른 학교로 전학 갈 때 니가타 중학교 책상 상판 안쪽에 새겼던 말) 나는 위대한 낙오자가 되어 언젠가 역사 속에 되살아날 것이다.

*

자신의 생활 속에서, 명확한 자신의 말을 골라서, 자신의 말로 이야기하는 것을 잊지 말게.

*

전통이란 무엇인가? 국민성이란 무엇인가? 일본인에게 필연적인 성격이 있어, 어떻게 하든 일본 옷을 발명하고, 그걸 입지 않으면 안 되는 결정적인 요인이 있는 걸까?

*

육욕에 절망하여 육욕의 실행을 포기하더라도, 육욕에서 해방될 수는 없다. 이는 속세를 등지더라도 진정한 고독을 추구할 수 없는 것과 같은 이치다.

*

대체로 연애 같은 건 우연한 것으로, 우연히 서로 알게 되었지만 그래서 서로 사랑하는 것에 지나지 않으며, 그게 아니라 해도 그때까지 다양한 인간을 알게 된 다음의 선택이 아니라, 소수의 주변 사람으로부터의 선택이므로, 절대라든지 하는 것과는 다르다. 그 심정의 근거는 지극히 박약한 거다.

플라토닉 러브라고 칭하면서 정신적인 연애를 고상하다고 여기는 것도 이상하지만, 육체는 경멸하지 않는 편이 낫다.

*

사랑 없이 인생은 성립되지 않는다. 어차피 인생은 우스운 것이니까, 연애가 우스워 보여도, 연애에 켕길 부분 따위는 없다.

*

근사하거나 정통한 것에서 피가 통하지 않는 명인의 기예는 나올지 모르겠지만, 진정으로 민중의 피와 함께 자라난 일류의 예술은 나오지 않는다.

*

언뜻 봐도 추악하고 전혀 아름답지 않지만, 사람들의 비원과 결부될 때 진정으로 가슴을 울리는 것이 있다.

47 Km

*

자기가 이러니까 당신도 이렇게 하라고 우쭐대는 선량함은, 정말 구제 불능이다. 선인의 죄란 봐줄 수가 없는 거다.

*

인간이 변한 게 아니다. 인간은 원래 그런 존재로, 변한 건 세태의 표피뿐이다.

*

나는 약자보다 강자를 택한다. 적극적인 삶의 방식을 택한다. 이 길이야말로 사실 고난의 길이다. 왜냐하면 약자의 길은 뻔하니까. 어둡지만 무난하고, 정신의 거대한 다툼이 필요 없는 길인 거다.

*

고독은 사람의 고향이다.

*

사는 것만이 중요하다, 라는 것. 그저 이것뿐이라는 걸 모르고 있다. 실은 알고 모르고의 문제가 아니다. 사느냐 죽느냐, 두 가지밖에 없다. 게다가 죽은 사람은 그냥 사라질 뿐으로, 아무것도 없을 뿐이지 않은가. 살아내 보이고, 해내 보이고, 끝까지 싸워내 보이지 않으면 안 된다. 언제든 죽을 수 있다. 그런 보잘것없는 짓은 하지 말길. 언제든 할 수 있는 일 따위 하는 게 아니니까.

*

연애는 인생의 꽃이다. 아무리 지루하더라도, 그밖에 다른 꽃은 없다.

*

일본에 필요한 건 제도나 정치의 확립보다도 우선 자아의 확립이다. 진실로 사랑하고 욕망하고 슬퍼하고 미워하는, 자기 자신의 거짓 없는 본심을 바라보고, 영혼의 통곡에 제대로 귀를 기울이는 것이 필요할 따름이다. 자아의 확립이 없는 곳에서 진실한 동의, 의무, 책임의 자각은 생겨나지 않는다.

*

정신적으로 고독한 사람―실은 교우관계가 매우 넓고 세속적인 삶의 방식을 취하고 있는 사람이라도, 언제든 그것을 뿌리치고 거기서 떠날 수 있는 무관심이 뿌리에 깔려 있는 동안 정신병은 일어나지 않는다.

*

모든 오락과 교양의 공통점은, 교양 부족에 죄가 있음을 잊고 오락 자체를 금지하려는 폭력적인 탄압을 가장 조심할 필요가 있다는 거다.

*

타락의 길을 끝까지 걸어 자기 자신을 발견하고, 구원하지 않으면 안 된다.

죄라는 건
본인이 회한에
시달리면서
이미 구원받고
있는 거다.

*

자기와 사람은 다른 거다. 인간관계도 환경도 완전히 사람마다 다른 것이 인간의 존재 방식으로, 따라서 인간관계를 푸는 공식이란 건 영원히 있을 수 없다. 각자가 자신의 일생을 독자적으로 개척해야 한다.

*

죄라는 건 본인이 회한에 시달리면서 이미 구원받고 있는 거다. 악인의 마음은 슬프다. 그런데 여기에 선인의 범죄라는 게 있어서, 스스로 죄를 느끼지 못하는 경우가 있다.

*

어떤 전아한 고전도, 과거에 그것이 진정 살아 있을 때는 속악한 실용품에 지나지 않았던 법이다.

*

겉보기에 스마트한 것만으로는 진정으로 아름다운 것이 될 수 없다. 모든 건 실질의 문제다. 아름다움을 위한 아름다움은 솔직하지 않고, 결국 진짜가 아닌 거다. 요컨대 공허한 거다.

*

대체로 극도의 화려함에는 묘한 슬픔이 늘 따라다닌다.

*

그렇게 의심한다면 의심받는 대로 행동해 주겠어, 라는 식의 생떼를 부리는 건 아이들에게 가장 흔한 통속적인 행동이다.

*

기술이란 이론으로는 습득하기 어렵고, 또 통제하기 어려운 것이다.

*

제 일생은 피에로였습니다. 저는 그걸 제대로 자각하고 있습니다. 물론 세상에 피에로를 자인하는 허무주의자들이야 남아돌 만큼 있지요. 하지만 그들이 피에로일까요? 거짓말이에요. 모두 자존심이 강해서, 그 몸부림의 결과로 주문을 외듯 피에로인 척하고 있을 뿐이지요. 저는 자존심이 없습니다.

*

인간은 살고, 인간은 타락한다. 이것 외에 인간을 구원할 편리한 지름길은 없다.

*

원래 공산주의와 같이 이상은 알고 현실을 모르는, 그 자신의 반현실성에 비판정신이 결여된 것은 전제, 파쇼의 무리가 아닐 수 없다.

*

좋아하는 걸 좋아한다 말하고, 좋아하는 여자를 좋아한다 말하자. 대의명분이니 불의는 어법도(무가에서 남녀의 밀통을 금하는 것)니 의리인정이니 하는 가짜 옷은 벗어던지고, 적나라한 마음을 갖자. 이 적나라한 모습을 끝까지 지켜보는 것이 일단 인간 부활의 제1 조건이다.

63 Km

*

인간의 고귀함은 자신을 괴롭히는 데 있는 거야. 만족은 누구나 좋아하거든. 짐승이라도 말이지.

*

물론 나는 종교에서도 문학에서도 인생에서도 구원 같은 건 바라지 않는다.

*

그렇지만 소설의 기술이란 건, 수련과 동시에 역시 발견을 필요로 하는 것이다. 나는 이를 속악의 발견이라 명명한다. 만인의 속된 근성을 끌어당기는 최저선에서 곡예를 부려야 한다.

*

저녁에 구멍을 파고 다시 아침에 메운다
저녁에 스웨터를 짜고 다시 아침에 푼다
마시고 토하는 것보다 나을까

*

자기 신체의 어떤 작은 부분, 한 올의 머리카락이나 눈썹에서도 우리는 알 수 없는 "생명"이 여자에게는 느껴지는 게 아닐까.

대체로 극도의
화려함에는
묘한 슬픔이
늘 따라다닌다.

*

나는 싸운다는 말이 허용될 수 있는 건 단 한 가지 경우밖에 없다고 믿는다. 그건 자유의 확립이라는 경우다. 물론 자유에도 한도가 있다. 자유의 확립과 정확한 한계의 발견을 위해, 각자가 자기 시대에서 노력과 연구를 하지 않으면 안 된다. 역사적인 전 인류를 위해서가 아니라 살아가고 있는 자신을 위해서, 또 자신과 더불어 살아가고 있는 타인을 위해서.

*

부모가 없어도 아이는 자란다는 건 거짓말이다.
부모가 있어도 아이는 자란다는 말이 맞다.

*

뛰어난 영혼일수록 크게 고민한다. 크게 몸부림 친다.

*

인간의 마음은 고난에 맞서 강철과 같을 수 없다. 인간은 가련하고, 취약하며, 그래서 어리석은 존재이지만, 완전히 타락하기에는 지나치게 나약하다.

*

사회기구의 혁명은 하루아침에 일어날 수 있지만, 인간의 변혁은 그렇지 않다. 멀리 그리스에서 확립의 첫발을 뗀 인간성이라는 것은 오늘날에도 거의 변혁을 보이지 않고 진보의 흔적도 보이지 않는다. 사회조직의 혁명에 따라 우리가 어떤 교복을 입든지 인간성은 변하지 않고, 인간성의 변화가 없는 한 인생의 진실한 행복은 결코 사회조직이나 제복에서 생겨나지 않는다.

*

저는 냉소주의가 싫습니다.

사람에게 자기 위안적인 우월감을 주는 점에 있어서는 냉소주의만큼 강력한 것이 없겠지요. 냉소주의를 생활의 무기로 삼는 한, 사람은 제법 견고한 성벽 안에서 상당히 편안한 일생을 보낼 수 있을지도 모릅니다. 그러나, 당신이 태양이라면 당신은 반드시 언제든 일식 중에 있는 겁니다. 그렇게 냉소주의의 정적과 우월감은 심히 빈곤한 것이라고 저는 생각합니다. 유치하다고 업신여김을 당해도 상관없어요. 웃고 울며 활기 있게 슬퍼하는 쪽이 분명 호화로운 것이니까.

75 Km

*

인생의 피로는 나이와 관계없다.

*

청춘만큼 죽음의 그늘을 짊어지고, 죽음과 등을 맞대는 시기는 없다.

*

인간은 슬픈 존재다. 애달픈 존재다. 괴로운 존재다. 불행한 존재다. 왜냐하면 죽어서 없어져 버리니까. 자기 혼자만 그렇게 되니까. 각자가 그런 자기를 떠맡고 살아가니까, 이 정도면, 인간끼리의 관계에 행복 같은 건 있을 수 없다. 그래도 일단 사는 것 외에는 다른 수가 없다. 사는 이상은 나쁘기보다 좋게 살아야 한다.

*

맹목적인 신념이란, 그것이 아무리 맹렬하게 삶과 죽음을 일관되게 관철해도 그다지 훌륭하다고 말할 수 없으며, 오히려 그 히스테릭하고 과도한 열정에 흐려진 마음이 불쾌감을 느끼게 한다.

*

전반적으로, 사람들이 공상이라는 문자를 현실에 대립시켜서 생각하는 것이 말썽의 근원이다. 우리 인간은 인생 50년이라 치면 그중 5년 정도는 공상에 소비하고 있는 거다.

*

청춘의 고독은 동시에 인생의 고독으로, 결국 인간의 영혼은 자기 혼자만의 것일 수밖에 없다. 그런 절대 고독을 인지하고, 적어도 목숨이 붙어 있는 채로 내 인생을 만들어 낸다. 산다는 것은 만든다는 것이며, 만든다는 것은 또한 노는 것이라 할 수 있다. 목숨이 있는 한 내 진심을 다해서, 결국 인생은 잘 노는 것인지도 모른다.

81 Km

82 Km

에필로그

청춘은 어둡고 우울한 거다. 작금의 이 전쟁을 겪고 있는 청년들은 청춘의 공백기라고 말할 수도 있겠지만 대체로 청춘이란 공허한 것이라고 나는 생각한다. 나도 어두웠고 친구들도 어두웠다. 그렇게 나는 생각한다. 어두운 열정과 그만큼의 희망과 활력이 있다. 하지만 우리들의 중심이 뿌옇다. 청춘이 그렇다. 청춘 만큼 죽음의 영향을 받고 죽음과 맞서 싸우는 시기는 없다. 사람은 반드시 죽어야만 한다. 이 사실만큼 우리의 삶에 대해 명백하게 말해주는 것은 없고, 어쩌면 오히려 이것만이 우리가 살아가야 하는 유일한 이유가 아닐까, 하고 나는 생각할 수밖에 없다.

물론 나는
종교에서도
문학에서도
인생에서도
구원 같은 건
바라지 않는다.

私が諸国に居を移して、轉々と住み歩いて
ゐたころ、ある町で、美貌をうたはれた姉妹
があつたが、妹が姉をピストルで射殺した事
件があつた。まもなく私は、遠く離れた別の
縣へ引越してしまつたので、この判決がどう
なつたか、それすらも知らないのだが、然し
、この事件は、年月を経ると共に、私のうち
に、むしろ深い感動を育てた。といふのは、
私はその町で一人の文學青年とちかづきにな
つたが、その男は、この姉妹の家の書生をし
てをり、又、事件にも、いくらか関係してゐ
た。私はこの男から、人の知らない内幕もき
いてゐたからであつた。殺された姉娘が死際
に残したといふ言葉、それは当事者以外に多
分私が知つてゐるだけだと思ふが、私はそれ
を思ひだすたびに、非常に残忍な、けれども

坂口安吾

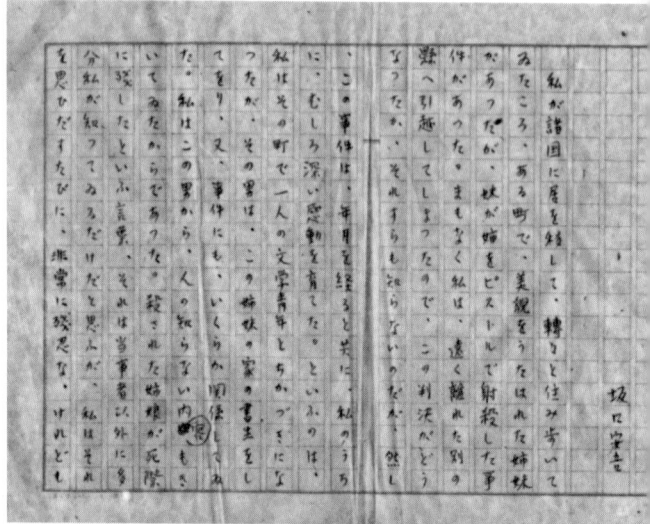

미발표 원고의 1장째 (아사코 일남. 하나조노대학 교수 제공)

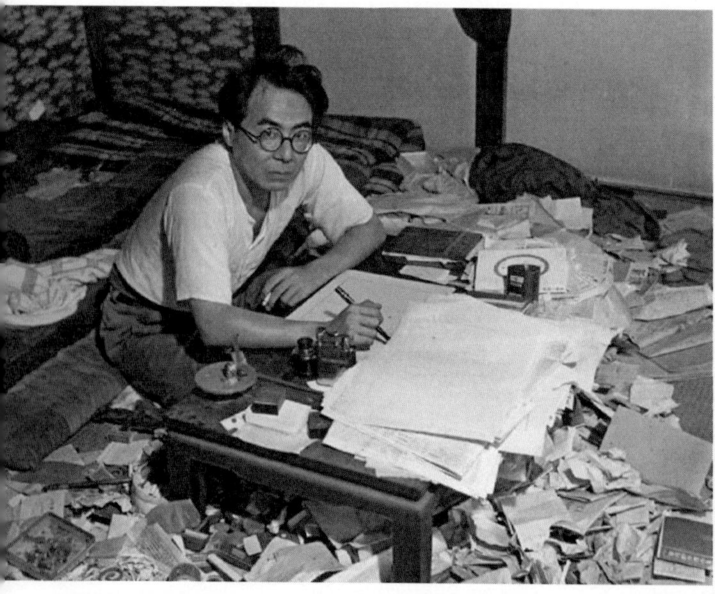

집필중인 사카구치 안고 / 2년 정도 청소를 한 적이 없는 서재(하야시 타다히코, 촬영)

필름에 담겨 있던 <무뢰파>의 모습 (타카이와진, 촬영)

참고문헌 References

한국 출간작[편집]
일본 호러 걸작선 - 활짝 핀 벚꽃나무 숲 아래
불연속 살인사건
슬픈 집착, 성애 - 전쟁과 한 여자
이런 꿈을 보았다 - 만개한 벚꽃 나무 숲 아래
소설 오다 노부나가
사카구치 안고 단편집
사카구치 안고 산문집
백치·타락론 외
불량소년과 그리스도 [2021년 발행]
사카구치 안고 선집 [2022년 발행]

매체에서[편집]
문호 스트레이독스 - 사카구치 안고(문호 스트레이독스)
문호와 알케미스트 - 사카구치 안고(문호와 알케미스트)
푸른 문학 시리즈 - '만개한 벚꽃 나무 숲 아래서'가 애니메이션화 되어 다뤄진다. 쿠보 타이토가 캐릭터 원안을 맡고, 감독은 아라키 테츠로, 성우진으로는 사카이 마사토, 미즈키 나나, 카와타 타에코 등이 출연.
UN-GO - 1950년 10월 1일 간행된 사카구치 안고의 추리소설 '메이지 개화 안고 수사록'(明治開化 安吾捕物帖 메이지카이카 안고토리모노초)을 현대적으로 재구성한 본즈의 애니메이션이다.
간장 선생

사진 출처 Photographic source

재팬아카이브부 (일본의 디지털 아카이브 플랫폼)
데일리 신초 웹사이트 (신초샤가 운영하는 뉴스 사이트)
호서호일 (아사히 신문이 운영하는 서적 관련 사이트)